팔다 남은 겨울

글● 콜렛 드메 Colette Demez
그림● 장 르크 Jean Lequeu

마미 아주머니는 처음에 마녀였습니다.
아주머니는 마녀 일을 무척 좋아했습니다.
그런데 요사이는 신이 나지 않는 모양입니다.
마녀라는 것이 친구 삐또에게
탄로났기 때문입니다.

별이 반짝이는 밤.
마미 아주머니는 빗자루를 타고 날아 다닙니다.
그 때, 삐또와 개구리 비리에게
들켜 버리고 말았습니다.
"비리야, 믿어지지 않아, 안 그러니?
내가 가장 좋아하는 마미가 마녀라니 말이야……."

"삐또에게 비밀을 갖는다는 것이
이처럼 마음이 아프다면
난 차라리 마녀를 그만두겠어.
안녕, 마법의 빗자루야!
안녕, 마법의 사전아!
그리고 마녀인 나도 안녕!"
마미 아주머니는 마법의 도구들을
난로에 불태워 버렸습니다.

"안녕, 삐또. 오늘부터 새로운 일을 시작하겠어.
도와 주겠니?" 하고 마미 아주머니가 말합니다.
삐또와 개구리 비리는 즐거워서 싱글벙글.
"어떤 일인데, 마미?"

"봄, 여름, 가을, 겨울을 팔 거야.
계절을 팔러갈 거라고.
우리 나가 볼까?"
"우아, 마미, 내가 제일 좋아하는 마미."
짝짝, "마미에게 건배!"
짝짝, "럼주를 마시자! 마시자!"

봄…….
부웅부웅 꿀벌의 날개짓소리.
거미집에 걸린 아침 이슬.
은방울꽃의 속삭임…….

여름…….
남쪽 바다 물고기들의 꿈.
그리고
뜨겁게 쏟아지는 태양!
버터바른 빵을 구워 준다구요.

가을…… .
망사 같은 아침 안개.
축축한 낙엽 냄새.
딱, 떼구르르르르!
도토리 떨어지는 소리…… .

겨울…….
썰매타기.
꽁꽁 얼어붙은 눈사람.
눈은 무척 좋지만
엣취! 너무 추워.
감기 들지 않도록 조심해야죠.

어떻게 된 일인지 겨울만은 팔리질
않고 남아 있습니다.
“특별히 추운 겨울은 어떠세요?
100스에 드릴게요.
30스, 6스는 어떠세요?”
삐또는 큰북을 치고, 개구리 비리는
트럼펫을 불며 마미 아주머니를 도와 줍니다.
※스 : 벨기에에서 중세(9세기쯤)에 사용되었던 화폐의 단위.

그 때 마침, 아프리카의 공주님 일행이 지나가다,
"어머, 개구리가 예쁘기도 하네! 얼마일까?"
"친구 비리는 팔지 않아요.
하지만 멋진 것이 있어요."

"바로 이겁니다. 겨울이에요, 겨울."
아프리카의 공주님은 기뻐서
어쩔 줄을 몰랐습니다.
"어떠한 보석보다도 겨울이 갖고 싶었거든!
생각해 보렴.
아프리카의 성에는 겨울이 없잖니."
마미 아주머니는 겨울을 예쁘게 싸서,
흰 리본으로 장식을 해 주었습니다.

딩동, 딩동.
교회의 종소리가 울려 퍼지는 언덕.
오늘도 마미, 삐또, 비리는 계절을
팔러 나갑니다.

WORLD PICTURE BOOK

팔다 남은 겨울

어린이 여러분께

마녀를 그만두고 생각해 낸 것이 보다시피 4계절을 파는 것이었죠. 역시 마녀다운 기발한 발상이지요?

마미 아주머니는 개구리 비리와 친구 삐또에게 말합니다. "설마 과일이나 채소를 파는 것만 생각하고 있는 건 아니겠지? 파는 것은 정말 봄, 여름, 가을, 겨울 몽땅이라구." 여러분은 계절을 파는 가게에서 어떤 계절을 사고 싶으세요?

글 ● 콜렛 드메
(Colette Demez)

■ 1932년 벨기에에서 태어나다.
■ 벨베 미술 학교를 마치다.
■ 동화 작가, 독일, 프랑스에서도 활동하고 있다.

그림 ● 장 르크
(Jean Lequeu)

■ 1948년 벨기에에서 태어나다.
■ 레쥬 미술 학원에서 배우다.
■ 화가이며 교사이다.

■ 발행인/장평순 ■ 편집장/노동훈
■ 편집/박두이, 김옥경, 이향숙, 박선주, 양회숙, 김수열, 강혜숙
■ 제작/문상화, 장승철, 이상헌
■ 발행처/중앙교육연구원(주)(서울시 종로구 관철동 258번지)
대표전화 : 563-9090, 등록번호 : 제2-178호
■ 인쇄처/갑우문화(주) 경기도 파주시 교하면 문발리 469번지(문발공단)
■ 제본/태성제책(주)(서울특별시 구로구 가리봉동 505-13)
■ 1판 1쇄 발행일/1988년 12월 30일, 1판 24쇄 발행일/1998년 11월 30일
■ ISBN 89-21-40244-6, ISBN 89-21-00003-8(세트)